LES

ROTHSCHILD

A LA

CHAMBRE DES DEPUTES

19 dccembic 1891

Le socialisme grandit

Comme une maiee montante, il iecouvie peu
a peu les couches infeiieuies de la societe,
s avancant avec un grondement foimidable
poui submergei successivement toutes les
autres

Les obstacles qu'il iencontie, semblables en
cela a ceux natuiels que la mei tiouve sui sa

6

ıoute, ne font que lırrıter Il se dresse contre
euх, les bat aᴠec fureuı et bıentot les emporte
ou les submerge pouı continueı sa teırıble
maıche en avant

Aux assauts furıeux de la vague, le genıe de
l homme a su, cependant, opposeı des rempaıts
solıdes quı, longtemps, se dressent ınvaıncus,
maıs, un ȷouı, une lame plus forte que les
аutreѕ, une de ces teırıbles lames de fond,
l'effıoı des navıgateuıs, aıııve du bout de l ho
rızon, le fıeı ıempaıt, la dıgue puıssante sont
demolıs et leurs debrıs roules ou lances au loın
attestent une foıs de plus l ımpuıssance finale
de l homme contre les forces ıncommensurables
de la nature.

Telle la puıssance du socıalısme, tous les

jours plus grande viendra renverser les plus
solides obstacles qu essaie de lui opposer
l egoisme des bourgeois enrichis et corrompus

Une seule chance de salut existe pour les
classes de la societe directement menacees par
les revendications de plus en plus pressantes des
proletaires C est qu il se trouve des esprits
eleves et pratiques capables de canaliser les
forces qui viennent battre en breche les vieilles
institutions De ces elements qui livres a eux
mêmes ne produiraient que des ruines, ces
hommes pourraient tirer des auxiliaires puis
sants pour imprimer au progres social une
marche aussi rapide et moins dangereuse que
celle qui n est que la resultante de chocs repetes,
nuisibles pour ceux qui frappent comme pour
ceux qui sont frappes

Ces esprits eleves, ces hommes anx vues laiges, au cœur genereux, existent

Point n est besoin, non pas pour resoudre absolument, — chose impossible, — mais poui examiner avec competence là question sociale et donner a ceux qui en souffrent les satis-factions raisonnables et possibles, point n'est besoin, disons nous, de faire sans cesse appel aux politiciens et aux economistes de piofession, cette plaie de notre epoque, juste effioi pour les classes laborieuses, qui ont besoin de solutions pratiques et non de theoiies biillantes, mais mensongeres

Alors que l ouviier manque de tiavail et de pa'n, vers qui doit il tournei ses iegards ?

A qui doit il accorder sa confiance pour le
representer et donner satisfaction a ses legi-
times revendications?

N est ce pas à ceux qui n ont rien a attendre
de lui, qui n ont pas a se servir de lui comme
d un piedestal pour escalader les sommets des
honneurs et de la fortune!

Quelle plus grande garantie de competence
et d'integrite que celle qu offre la situation
d'hommes ayant soit une grande fortune, legiti
mement acquise, soit un nom celebre a juste
titre, rompus a tous les problemes de la vie in-
terieure du pays, d un patriotisme eprouve et
d'une generosite qui n a d autre limite que celle
de leur fortune meme ?

Par suite de quelle abeiration d esprit la classe ouvrieie ne cesse-t elle d accorder sa confiance et, aux jours d election, ses votes a des hommes dont la seule ambition est d acqueiir une importance politique leui peimettant de posei des conditions aux detenteuis du pouvoii, des honneurs, et des places grassement iemu nerees?

Que gagnent a ces choix inexplicables les proletaiies ? De voii defendre la Republique pai leurs elus ? Croient ils donc que, seuls, leuis mandataires d aujourd hui sont aptes a defendre cette forme de gouvernement ? Qu a fait, d ail leurs, poui les classes laboiieuses la Republique actuelle qui n a su, depuis plus de quinze ans, que creuser, sans cesse, le gouffie des emprunts et augmenter les charges du peuple ?

Quand donc l ouvriei compiendra t-il que chacun, dans la societe, a un role a remplir, et que, de même qu un maçon est plus apte qu un seirurier a bâtir un mur, de meme un financiei est plus capable de reglei le fonctionnement des finances de l Etat qu un avocat sans cause ou un revolutionnaire de profession ? Lt, cependant, de bonnes finances impliquent le bien etre materiel de tout le monde et si, suivant l expiession du baron Louis, « poui faire de bonnes finances il faut faiie de bonne politique », ce n est pas ceux qui n aspirent qu'au bouleveisement de l'oidre, ceux qui veulent appliquei un systeme de gouvernement tracassiei et intoleirant qui sont capables de faiie cette « bonne politique », si necessaire au bien du pays

La politique de secte ne peut d ailleurs don

nei que de deploiables resultats Elle ietrecit
les idees, outrage le bon sens, devient iapide
ment provocante et fait surgir les conflits

Que si, au contraiie, la politique du pays
avait poui regle la tolerance, que d apaisement
n'en resulterait il pas !

La question religieuse, qui vient encoie de
soulever tant de tempêtes au sein du Pailement,
ne gagnerait-elle pas a etie traitee, de haut, pai
des hommes qui ne se seiviraient pas d elle
pour flatter, dans un sens ou dans un autre, les
manies ou les opinions de leurs electeuis ?

Et puisque, dans cette publication, nous avons
entrepiis la defense des juifs, quel plus bel
exemple de tolerance que celui donne pai les

fils d Israel, qui, a toutes les attaques, a toutes
les injures lancees contre eux repondent en ie
pandant les bienfaits autoui d eux, en respec
tant les cioyances de leuis concitoyens d une
autre ieligion, en rendant hommage, toutes les
fois qu ils en tiouvent l occasion, aux veitus et
aux qualites des chietiens honnetes et reli
gieux ?

Quel exemple que celui d un Rothschild, ac
cuse pai des energumenes de tout saciifiei a la
soif de l oi, et qui, hier encoie, apres avoii
envoye cent mille francs, comme il le fait cha
que annee pour les pauvres de Paiis, sans dis
tinction de ieligion, envoyait de nouveau vingt
mille fiancs et quarante mille bons de pain
pour les malheureux !

Est ce que les proletaires, sans cesse secourus et defendus par cette noble famille, ne devraient pas, s'ils comprenaient leurs veritables interêts, envoyer d acclamation au Parlement des hommes comme les Rothschi'd, connaissant a fond, pour les avou maintes fois soulagees, les miseres du peuple, et contre lesquels viendraient se brisei toutes les tentatives de corruption !

Croit il donc, ce peuple, si souvent trompe par les fallacieuses promesses, vite oubliees, de ses elus d aujourd hui, que l amelioration de son soit n interesse pas vivement, sincerement, ces classes elevees de la societe, aux nobles sentiments desquelles, hier encore, un revolutionnaire etait oblige, a la tribune de la Chambre, de rendre un hommage merite ?

Croit il donc que ces grands financiers, l hon
neur de la race d Israel, ces Français si pa-
triotes, ces economistes a la science profonde,
ne leur rendraient pas plus de reels services,
que ceux que Gambetta a justement appeles
des sous veterinaires?

C'est en vain que les politiciens, jamais
repus essaient d empecher l alliance du peuple
et de la noblesse Un mouvement irresistible
entraine l une vers l autre ces deux classes qui
arriveront, dans un avenir prochain, a sceller,
sur les debris de la bourgeoisie corrompue et
venale, un nouveau pacte, gage d'une ere nou-
velle d honneur et de prosperite pour la France.

Le Gérant, DROGREZ

Paris — Imp des Arts et Manufactures et Dubuisson
1° rue Lad Lelor — B naard mi

AVIS
